shoes

cat

banana

car

tractor

ball

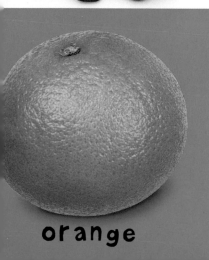

orange

sippy cup

dog

My ABC

A ^a is for **ant**

B ^b is for **boy**

C ^c is for **cow**

D ^d is for **dog**

E ^e is for **elephant**

F ^f is for **fish**

G ^g is for **girl**

H ^h is for **horse**

I ⁱ is for **ice cream**

J ^j is for **juice**

K ^k is for **kite**

L ^l is for **ladybugs**

M ^m is for **mouse**

N is for **nose**

Oo is for **onion**

Pp is for **pencils**

Qq is for **queen**

Rr is for **robot**

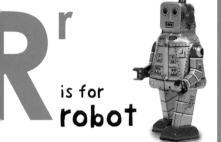

Ss is for **strawberry**

Tt is for **tractor**

Uu is for **umbrella**

Vv is for **vase**

Ww is for **watch**

Xx is for **xylophone**

Yy is for **yo-yo**

Zz is for **zebra**

Aa Bb Cc Dd Ee Ff Gg Hh Ii Jj Kk Ll Mm
Nn Oo Pp Qq Rr Ss Tt Uu Vv Ww Xx Yy Zz

My numbers

1 one car

2 two rabbits

3 three balls

4 four bowls

5 five strawberries

6 six
chickens

7 seven
peppers

8 eight
candies

9 nine
crayons

10 ten
fish

Colors

ladybug

orange

bananas

leaf

shoes

shirt

duckling

frog

tomato

parrot

lemon

apple

red

orange

yellow

green

sky

flower

chocolate

train

grapes

flamingo

bread

glasses

socks

gloves

piglet

bear

blue

purple

pink

brown

Opposites

long

short

happy

sad

cold

hot

up

down

small

big

hard

soft

above

open

closed

below

back **front**

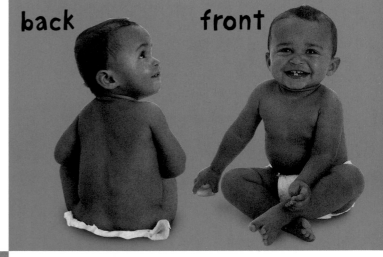

awake **asleep**

full **empty**

Shapes

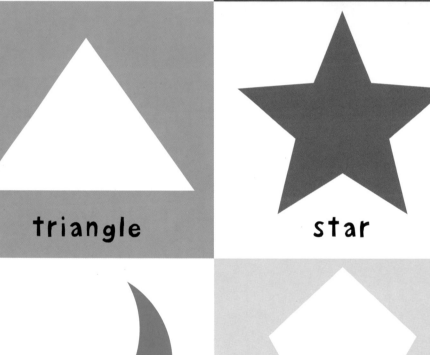

rectangle

circle

square

triangle

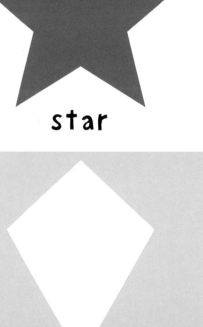

star

oval

crescent

diamond

heart

candy

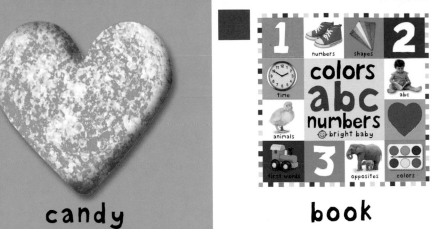

book

starfruit

pizza

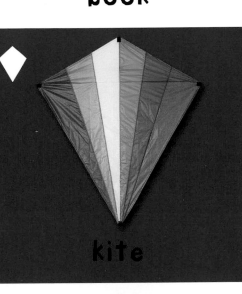

kite

sandwich

paint box

egg

melon

Time

time to get up

breakfast time

time to get dress

lunchtime

playtime

dinner time

bathtime

storytime

bedtime

what color?

DO you know what color
these objects are?

Look inside the book
to help!